W9-BBC-385

DATE DUE		

¿Qué hay dentro de un
hospital?

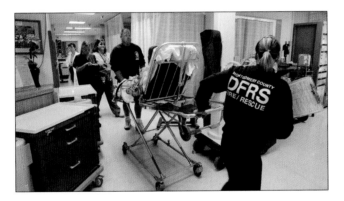

Sharon Gordon

Marshall Cavendish
Benchmark
Nueva York

Dentro de un hospital

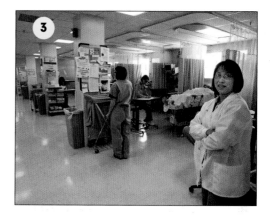

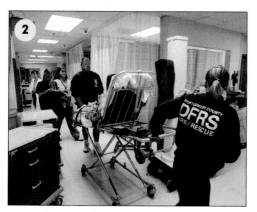

1 admisión

2 sala de emergencias

3 unidad de cuidados intensivos

4 cocina

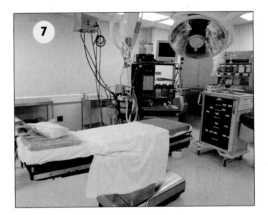

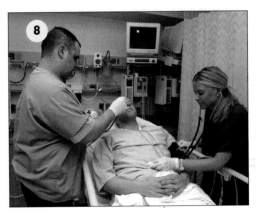

5 laboratorio

6 sala de recién nacidos

7 quirófano

8 paciente

3

¿Has estado en el hospital alguna vez? ¡Allí suceden muchas cosas!

Hay diferentes *unidades*, o salas, dentro de un hospital.

Esta es la *admisión* donde los pacientes se registran. La persona en tratamiento médico en un hospital se llama *paciente*.

Los empleados del hospital le piden información al paciente que registran en la computadora.

El nuevo paciente recibe un brazalete con su nombre. Ahora otros empleados sabrán quién es él.

La *sala de emergencias* (ER, en inglés) es un sitio muy activo. La ambulancia trae a los enfermos o heridos de urgencia. Los doctores y las enfermeras trabajan juntos para ayudarlos.

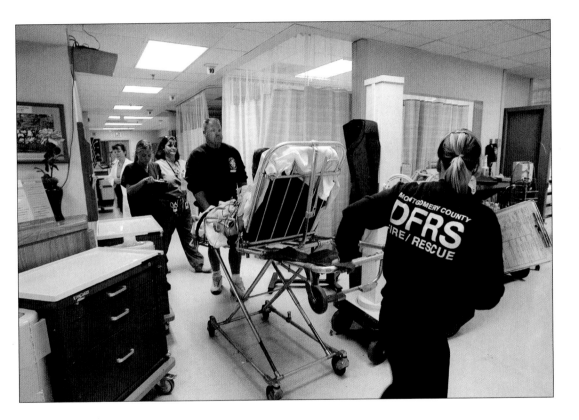

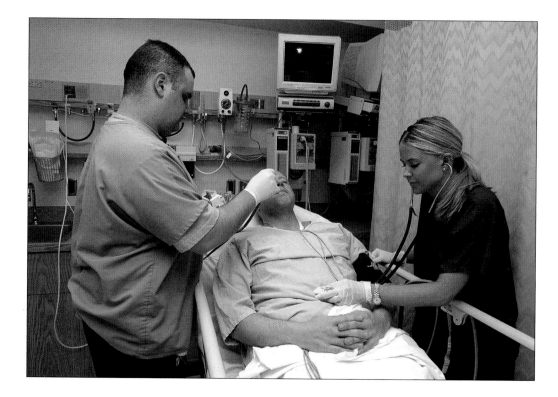

Toman muestras de sangre para analizar. Toman fotografías llamadas rayos X.

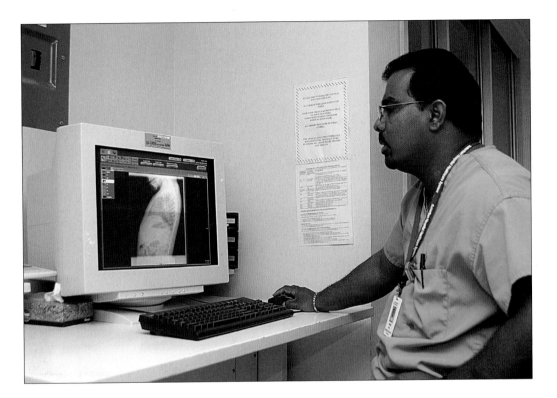

Los rayos X muestran lo que
sucede dentro del cuerpo.

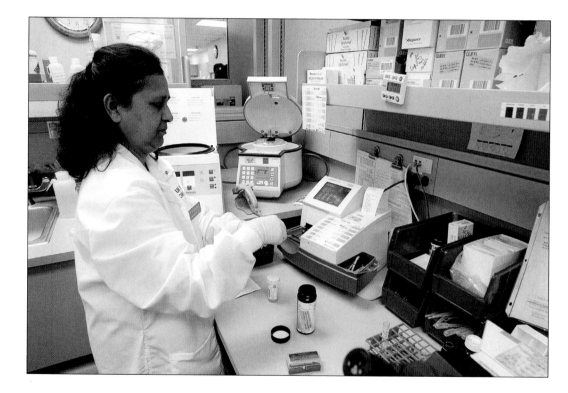

Las muestras se mandan al *laboratorio*. Los empleados tratan de encontrar el problema.

Algunos pacientes pueden recibir medicinas e irse a casa. Otros deben quedarse en el hospital.

Algunos pacientes pueden necesitar una operación. Ellos van al *quirófano* (OR, en inglés), que es un sitio muy limpio.

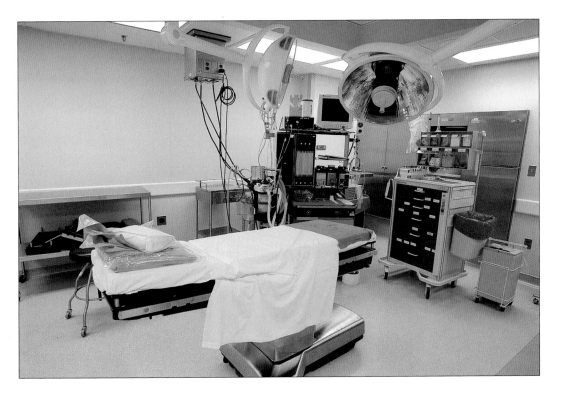

17

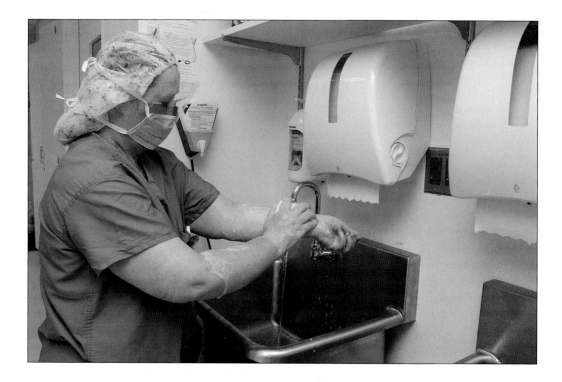

Los gérmenes pueden causar
enfermedades. Por eso, los
doctores y las enfermeras se lavan
las manos antes de una operación.

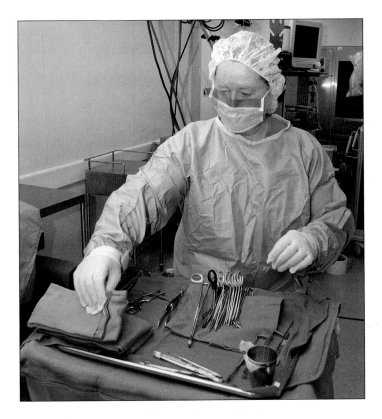

Se ponen máscaras y guantes,
y los instrumentos se mantienen
en bandejas *estériles* o limpias.

Después de una operación, los pacientes descansan con tranquilidad en la *sala de recuperación*.

Es posible que los trasladen a la *unidad de cuidados intensivos* (ICU, en inglés). Estos pacientes están muy graves.

Algunos pacientes están conectados a máquinas que los ayudan a respirar. Otros reciben medicinas especiales.

Los pacientes que se mejoran dejan la ICU.

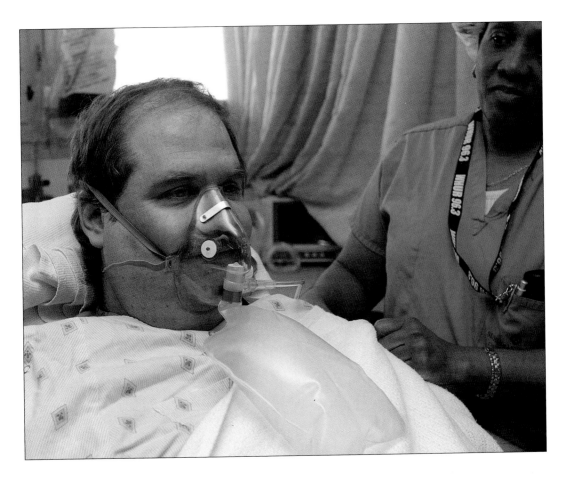

23

Los empleados en la cocina preparan comida para los pacientes. Ellos entregan la comida en carritos.

La ropa sucia, sábanas y toallas van a la lavandería, donde las lavan y las doblan.

Algunos cuartos dentro del hospital son sólo para niños. Doctores y enfermeras especializados los cuidan. Los padres pueden quedarse en estos cuartos por la noche.

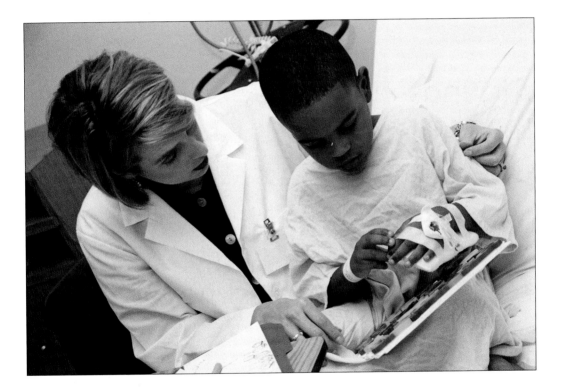

27

Hasta los recién nacidos se quedan en un cuarto del hospital llamado *sala de recién nacidos*.

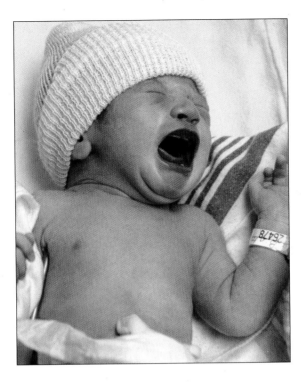

Muchos cuartos dentro del hospital son tranquilos. ¡Pero la sala de recién nacidos puede ser muy ruidosa!

Palabras avanzadas

admisión Un área del hospital donde los pacientes se registran.

estéril Muy limpio, sin gérmenes.

laboratorio Un sitio donde se examinan las muestras que se sacan de los pacientes.

paciente Una persona bajo tratamiento médico en un hospital.

quirófano (OR, en inglés) Una sala del hospital donde los doctores operan a los pacientes.

sala de emergencias (ER, en inglés) Un cuarto del hospital para los enfermos y heridos de emergencia.

sala de recién nacidos Un cuarto del hospital para bebés.

sala de recuperación Un cuarto del hospital donde los pacientes descansan después de una operación.

unidad de cuidados intensivos (ICU, en inglés) Una sala del hospital donde se trata a los pacientes muy graves.

unidad Un grupo de cuartos en un hospital.

Índice

Las páginas indicadas con números en **negrita** tienen ilustraciones.

Agradecemos a las asesoras de lectura
Nanci Vargus, Dra. en Ed., y Beth Walker Gambro.

AGRADECIMIENTOS
Agradecemos al personal del Suburban Hospital, en Bethesda, Maryland.

Marshall Cavendish Benchmark
99 White Plains Road
Tarrytown, New York 10591-9001
www.marshallcavendish.us

Library of Congress Cataloging-in-Publication Data

Gordon, Sharon.
[What's inside a hospital? Spanish]
¿Qué hay dentro de un hospital? / edición en español de Sharon Gordon.
p. cm. — (Bookworms. ¿Qué hay dentro?)
Includes index.
ISBN-13: 978-0-7614-2394-2 (edición en español)
ISBN-10: 0-7614-2394-X (edición en español)
ISBN-10: 0-7614-1564-5 (English edition)
1. Hospitals—Juvenile literature. I. Title. II. Series: Gordon, Sharon. Bookworms. ¿Qué hay dentro?

RA963.5.G6718 2006
362.11—dc22
2006015912

Traducción y composición gráfica en español de Victory Productions, Inc.
www.victoryprd.com

Investigación fotográfica de Anne Burns Images

Fotografía de la cubierta de Jay Mallin

Los permisos de las fotografías utilizadas en este libro son cortesía de:
Jay Mallin: pp. 1, 2, 3, (arriba) (abajo a la derecha), 5, 6, 9, 11, 12, 13, 14, 17, 18, 19, 20, 23, 24.
Corbis: p. 27 Ken Glaser; pp. 3 (abajo a la izquierda), 28 E. R. Productions; p. 29 Lester Lefkowitz.

Diseño de la serie de Becky Terhune

Impreso en Malasia
1 3 5 6 4 2